# EL AMOR DE UNA MADRE MÁS ALLÁ DE TODO

## Una guía práctica para sobrellevar los conflictos con tus hijos

# EL AMOR DE UNA MADRE MÁS ALLÁ DE TODO

## Una guía práctica para sobrellevar los conflictos con tus hijos

Sorgalím Pagán

# CONTENIDO

# Capítulo 1
## Deja todo en manos de Dios: esta es mi historia

Me gustaría compartir un poco de mi historia. Nací en Puerto Rico y crecí en un campo en Bayamón, un pequeño pueblo. Tengo una única hermana llamada Magda y dos sobrinos. Recuerdo una infancia encantadora; viene a mi mente cuando era pequeña y solía ir a la iglesia con mis tías. Dormía debajo de los bancos de la iglesia. Mi abuela materna tenía una hamaca y pasaba mucho tiempo conmigo porque decía que yo era su «blanquita».

Solía jugar mucho en el campo y, a menudo, desaparecía. En una ocasión, me encontraron en medio de una planta de ají picante, comiendo hasta que mi abuela picó la planta.

Recuerdo que una vez me escapé de la escuela primaria. Caminé una larga distancia y finalmente llegué a casa. Mi abuela, desde lejos, se asustó al verme, no entendía cómo había llegado allí. Me encantaba trepar el palo de quenepa y esconderme. Pasaba mucho tiempo con mi abuelo en la finca y uno de nuestros juegos favoritos era escondernos.

Tuve una niñez maravillosa con mi familia en el campo, una vida sencilla y humilde. Cuando tenía 10 años, mis padres se mudaron a otro lugar en Bayamón, otro pueblo de Puerto Rico.

Era un poco traviesa y solía gastar bromas a mis primos, perseguirlos con lagartijas. Ellos se asustaban y yo salía corriendo para evitar que me regañaran. Pasaba mucho tiempo con un primo haciendo travesuras a mis abuelos. Nos escondíamos entre los árboles y, al final, terminábamos recibiendo una reprimenda.

En aquel entonces no llegué a terminar la escuela; llegué hasta sexto grado porque fue entonces cuando conocí al padre de mis hijos. Mi papá tenía un negocio de comida cerca de la cantera, y ahí fue donde conocí a mi pareja de aquel entonces. A los trece años tuve mi primer novio; en ese momento, mis padres atravesaban muchos problemas y estaban a punto de separarse. Fue entonces cuando decidí irme a vivir con mi novio a una casa en el campo que mis padres tenían.

El noviazgo fue bonito al principio. Yo era muy joven en ese entonces y era mi primera experiencia. Recuerdo muchas promesas: «tendremos una casa», «nunca te faltará nada», pero todo resultó ser mentira. A los 15 años quedé embarazada y nació mi primer hijo, Cristian. Mis padres estaban contentos con la llegada de su primer nieto, y en ese momento, la relación de pareja iba bien. El embarazo transcurrió sin problemas; tenía antojos de queso y él siempre me complacía. Como me crie con mis abuelos, él me consentía mucho en todo. Por las tardes, mi tía y yo comíamos juntas y luego salíamos a caminar. Lo hacíamos religiosamente, como parte de nuestro ejercicio diario. Después, yo me iba a dormir. Ella siempre me acompañaba a las citas médicas.

Mi hijo nació en marzo de 1989. Fue una bendición para toda la familia. El parto fue natural y rápido. Mi abuela le daba mucho amor y lo ponía en la hamaca.

Pasaron tres años y quedé embarazada de mi segundo hijo, Christopher. Durante ese embarazo, tuve varicela y sufría de mucha ansiedad y picazón. Me sentía desesperada, así que fui caminando al hospital para que me recetaran algo. Fue otro embarazo bonito y yo también estaba contenta. Mi tía seguía estando siempre a mi lado, como si fuera mi madre. Hacíamos ejercicio, caminábamos, iba conmigo a las citas médicas, y mi familia cuidaba de Cristian durante el parto.

Cuando nació mi segundo hijo, mi pareja empezó a maltratarme física y verbalmente. Recuerdo con mucho dolor cuando me rompió la nariz, me empujaba de los carros y me jalaba del pelo. Había muchas discusiones en ese entonces y me decía palabras feas e hirientes. Quien siempre me defendía en ese momento era el esposo de mi tía.

Tuve que decidir registrarme a escondidas para tomar clases de karate y así poder defenderme. Cuando intentó golpearme nuevamente, me defendí. Fue entonces cuando tomé la decisión de no querer estar más con él y me separé, con un niño pequeño de 2 años y mi hijo mayor de 5 años.

Para seguir adelante, empecé a trabajar en un restaurante chino en Santa Juanita, Puerto Rico, para poder hacer mi vida sola con mis hijos y cubrir sus necesidades. Mi familia me apoyaba cuidándolos mientras yo trabajaba. En ese momento, él me seguía y vigilaba, y yo vivía con mucho miedo, siempre en estado de alerta.

Con el tiempo conocí a un joven e intenté rehacer mi vida. Recuerdo una noche traumática: estaba llegando a casa y mi expareja salió por detrás de la casa con un bate, intentando golpearme. Corrí lo más rápido que pude, pero tropecé en una cuneta. Mis gritos alertaron al esposo de mi tía, quien salió a ver qué ocurría y me salvó la vida. Fui a la policía y relaté lo sucedido, pero desafortunadamente, no tomaron medidas. Tuve que seguir cuidándome sola, con el apoyo de mi familia. En ese momento, mi pareja no me defendió.

La relación con mi nueva pareja iba bien, y decidimos tener una hija juntos. Después de intentarlo, quedé embarazada de la niña. Sin embargo, cuando él se enteró de que iba a ser padre, lo negó. En ese momento, decidí seguir adelante sola con mi embarazo. El embarazo de la niña transcurrió bien, y el parto fue rápido. Tuve antojo de mango con sal.

En ese tiempo, mi expareja continuaba atormentándome. En una ocasión, cuando regresé a casa después del trabajo, descubrí que el padre de mis dos hijos había entrado y quemado la ropa y las pertenencias de la niña en la sala. Reporté el incidente a la policía nuevamente, pero desafortunadamente, seguían sin brindarme ayuda.

Afortunadamente, en ese momento, conté con el apoyo incondicional de mi familia.

# Capítulo 2
## Crianza y educación de mis hijos

Como mamá, siempre protegía mucho a mis hijos, pendiente de su bienestar y evitando que les pasara algo, era muy protectora. Siempre trabajé para asegurarme de cubrir sus necesidades y que no les faltara nada. Cuando eran pequeños, mi familia me ayudaba cuidándolos mientras yo trabajaba para mantener a mi familia. Llevaba a los niños a casa de mi tía para que los cuidaran. Tuve tres hijos, dos varones y una niña. Entre los dos chicos hay una diferencia de tres años, y la menor tiene seis años menos que el segundo. Se criaron muy unidos. Cuando eran pequeños, seguía una rutina: llevaba a los varones a la escuela, los recogía después del trabajo junto con la niña, y nos íbamos a casa para alimentarlos, bañarlos y ayudarlos con sus tareas.

Con la llegada de mi primer hijo, Cristian, toda mi familia estaba feliz. Recuerdo que de niño acompañaba a mi papá en su negocio de comida y se comía salchichas; siempre fue muy tranquilo y humilde. Con la llegada de Christopher, se convirtió en el hermano mayor.

Christopher era un poco travieso; a veces me llamaban de la escuela por sus travesuras, como aquella vez que orinó en las plantas del colegio. Me alegré mucho cuando, al graduarse de la secundaria, fue elegido para un viaje de estudios en California.

Cuando nació Adcelys, tenía dos hijos ansiosos por conocer a su hermana. Recuerdo que mis tías cuidaban de ellos, y yo iba al hospital con mi tía que siempre me acompañaba. A las pocas horas, la niña había nacido, pesando 8 libras, era fuerte y grande. Sus hermanos la protegieron desde el primer día, se criaron muy unidos y rodeados de amor. Íbamos a la iglesia cada domingo como familia, les inculqué valores cristianos y participaban en actividades juveniles dentro de la comunidad. A los 15 años, los tres obtuvieron su licencia de conducir.

Cuando mi hija tenía dos años, en la fiesta de 15 años de mi prima, conocí al que sería mi esposo durante 18 años. Tuvimos un noviazgo de un año y luego decidimos casarnos en Puerto Rico. Intenté vivir una vida nueva y diferente. Nos llevábamos bien, y él me ayudó a criar a mis hijos.

Al enterarse el padre de la niña y los niños, comenzaron a darme problemas, hostigándome para romper mi matrimonio. En ese momento, hablé con la trabajadora social de la escuela de mis hijos. Le conté todo el maltrato que habíamos sufrido durante años, expliqué que tenía planes de irnos a Florida por seguridad, para empezar una vida nueva. Ella me apoyó y pudimos viajar para comenzar de nuevo. Citó al padre para que firmara un permiso para sacar a los menores de Puerto Rico, y él lo hizo.

Nunca recibí apoyo económico del padre de mis hijos para su crianza, nunca hubo una pensión alimenticia. Decidí que era mejor así, sin problemas legales ni conflictos. Para mí, lo más importante era el amor, el apoyo y que mis hijos crecieran sanos, con una buena educación. Aquí estoy, presente para ellos.

Llegamos a Florida en diciembre de 1998. Mi niña tenía tres años, Christopher seis y Cristian nueve. Comenzamos una nueva vida en familia. Al principio vivimos con la familia de mi esposo, pero con mucho esfuerzo conseguimos nuestro primer apartamento. Fue entonces cuando comenzaron los problemas con su familia, especialmente con su madre, quien era muy controladora. Se molestó porque su hijo se había mudado a Florida con una mujer que tenía hijos que no eran suyos. Recuerdo que me faltó al respeto e insultó, pero no permití que eso siguiera. El respeto debe ser mutuo, no unilateral. Desde entonces, nuestra relación nunca fue buena y ella inició una guerra.

Comencé a trabajar en el aeropuerto de Sanford, en atención al cliente de forma presencial.

Con el tiempo, logré estudiar para ser agente de viajes.

Un día, mientras me preparaba para ir a la universidad, entró a mi casa el primo de mi exesposo. Me sorprendió verlo en mi habitación y le pregunté qué hacía allí. Intentó atacarme, pero grité muy fuerte y gracias a Dios teníamos un perro (un bóxer) que me defendió. Se abalanzó sobre él y logró que huyera. Me encontraba en una situación caótica y desesperada, así que busqué ayuda. Llamé a mi pastor en ese momento, necesitaba hablar con alguien. Fui a la iglesia y le expliqué lo sucedido. El pastor llamó a mi expareja y le pidió que se presentara, que tenía algo que hablarle.

Nerviosa y asustada, no sabía cómo reaccionar cuando llegó el pastor y habló con mi exmarido. Le explicó la situación, pero él reaccionó como si nada hubiera ocurrido. El pastor me dijo que debía presentar una denuncia, pero mi exmarido no quiso dejarme ir a denunciar. Defendió a su primo y fue extraño, no entendí por qué no quería que lo denunciara. Regresamos a casa y todo parecía normal. Él me preguntó: «¿No vas a llamar a la policía?» Decidí seguir su consejo, pero no podía dormir y no comprendía por qué me impedía denunciar. Viví una experiencia muy impactante.

Al amanecer, mis hijos fueron a la escuela y él se fue a trabajar. En ese momento, llamé a la policía y presenté la denuncia. Hubo mucho revuelo porque él no quería. Más adelante, descubrí que me engañaba con alguien de la familia, por eso defendía a su primo. Estaba involucrado con la cuñada de su primo y no quería que yo lo supiera. Busqué ayuda para sanar, fue un proceso largo y difícil con la ayuda de Dios, psicólogos, asesoramiento y terapia, pero lo logré. Quería estar bien y fuerte por mis hijos, siempre fueron mi motivación.

Después de graduarme, pude abrir mi propia agencia de viajes. Durante unos años tuvo éxito, pero con la llegada de internet la gente empezó a comprar en línea y no necesitaba ir a la agencia.

Mientras tanto, estudié para ser notario público y me uní a la academia de policía de

Orlando, graduándome. Durante ese tiempo, los padres de mi exmarido vinieron de Puerto Rico porque su madre necesitaba tratamiento médico en Florida.

La madre de mi ex trajo un pastel de Puerto Rico hecho por un pariente. Antes de irme a la academia de policía, me acerqué a ellos en privado y les pedí que no tocaran ni comieran el pastel. Al regresar, él me contó molesto que su madre se vio obligada a comer el pastel y se enfermó porque nadie quiso probarlo. Había muchas diferencias con mi suegra, siempre se entrometía en la relación. A pesar de haberme causado tanto daño, me pidió perdón. La perdoné, pero cada una de nosotras quedó en su lugar, ella en Puerto Rico y yo en Florida.

Asistíamos a la iglesia aunque no nos habíamos divorciado, y yo era ujier en ese tiempo. Cuando comenzaron los problemas, le pregunté al Señor: «¿Qué está pasando aquí?» Hablé con el pastor y le dije que no podía continuar, renunciando a mi cargo de ujier. Él me dijo que el Señor me sanaría, aunque yo no entendía. Descubrí que durante un viaje a Puerto Rico, él se encontró con su hija, quien le dio un ultimátum: ella o yo. Él eligió a su hija, pero en ese momento no me dijo nada y ahí fue cuando cambió completamente. Fue entonces cuando descubrí su engaño.

A pesar de tener pruebas contundentes, él lo negaba todo, diciendo que eran inventos y mentiras. Era un hábil mentiroso y mujeriego, un tramposo y consumidor de drogas. Hasta el día de hoy sigue siendo igual o peor que antes. La casa estaba a su nombre y me dejó en la calle con mis tres hijos. Pasamos hambre y jugó con mi mente. Rápidamente logré encontrar un nuevo lugar para vivir. Después, siempre estaba detrás de mí, buscando dónde vivía. Cuando estábamos en la iglesia, él aparecía, pero yo lo ignoraba y me molestaba.

En medio de esto, mi hijo mayor se lastimó la espalda y tuvieron que operarlo. Él se enteró y fue al hospital. Cuando mi hijo entró al quirófano, él dijo: «Tengo que irme, me esperan en Tampa». Le pregunté: «¿Para qué viniste entonces? No deberías haber venido si no ibas a quedarte para verlo cuando saliera». No estaba apoyando a mi hijo, así que se fue. Cuando mi hijo salió de la operación y preguntó por él, no estaba. Me dolió mucho, pero le dije que se había marchado porque tenía un compromiso. No le mencioné que esa otra persona era una mujer en Tampa. Siempre cuidé los sentimientos de mis hijos. Cuando él quiso volver a casa para verlo, le dije: «¿Por qué vienes? Lo que se siembra se cosecha. Sigue adelante y déjanos en paz. Busca a tu propia familia, nosotros no somos tu familia». Fue entonces cuando comencé los trámites del divorcio, aunque él no quería. Se inició una negociación para que él me diera el divorcio. Cedí todos los bienes para terminar con todo. Quería que olvidara por completo nuestra existencia. Finalmente, él accedió a firmar los papeles del divorcio junto a mí.

A día de hoy, no me deja tranquila, siempre con problemas, vive arrepentido, diciendo que soy su amor secreto, pero es irrespetuoso. No respeta a ninguna de sus parejas, hablando mal de ellas y de sus hijos.

Gracias al apoyo de una amiga, comencé a estudiar enfermería. Fui a una iglesia en Rajatabla, pero me sacaron de la congregación porque estaba divorciada, algo que no aceptaban. Me alejé por un tiempo y decidí no regresar a esa iglesia.

Pasé tres años sola, estudiando enfermería y trabajando. Durante ese tiempo, conocí a un caballero con el que establecí una bonita amistad; compartíamos muchos momentos juntos. Él aceptó a mis hijos, yo a los suyos. Sin embargo, de repente, mi exmarido apareció de la nada y lo complicó todo. Sufrí mucho. Aunque seguíamos hablando, nuestra relación terminó, y él enfermó. Estuve ahí para él y su familia al 100%. Afortunadamente, pudo recuperarse del cáncer.

Luego, decidí estudiar en un instituto bíblico junto con mis hijos. Durante ese tiempo, conocí a otra persona e intenté seguir adelante con mi vida. Sin embargo, mi exmarido seguía llamándome y causando problemas, y la ex de esa persona también generaba complicaciones. Luchamos por nuestra relación todo lo que pudimos. Todo iba bien durante un largo tiempo y él me propuso matrimonio. A pesar de que él tenía creencias en otras religiones, las respeté, aunque me resultaban curiosas ya que no las entendía.

Pero entonces, la ex de él empezó a causar problemas con brujería, fue una locura total para mí ya que no entendía nada de eso. Me estaban enfermando y yo no sabía qué estaba pasando; su abuela me contaba todo, pero lo hacía a escondidas de él. Nos casamos y la ex de él se enfureció mucho, ya que durante los 14 años que estuvieron juntos nunca se habían casado. A los cuatro meses de casados, lograron sacarlo de mi casa con brujería, manipulándolo en mi contra.

En ese tiempo, vivía en Jacksonville y tuve problemas de salud mental debido a todo lo que estaba sucediendo. El padrino de él logró hablar conmigo y me reveló que la ex de él había realizado un ritual en Miami, usando sangre humana para destruirlo y provocar que él me hiciera daño a mí. Él me contaba todo esto en secreto. Mientras tanto, mi hijo se fue involucrando poco a poco en esa religión. Yo, desde lejos, observaba y escuchaba, pero estaba asustada. La abuela de mi hijo me llamaba llorando para contarme lo que él hacía y dónde se encontraba.

Entonces, regresé a Orlando. Él se enteró de que estaba aquí y me siguió, llegó hasta mi trabajo y quería hablar conmigo. Me pedía, por favor, que habláramos más tarde, que nos divorciáramos y volviéramos a casarnos. Le dije que era una locura, que nos divorciáramos y punto. Le dije que él pusiera la demanda de divorcio, que yo no me presentaría, que se calmara. La madre de sus hijas me escribió porque él no estaba pagando la pensión alimenticia. Le dije que no sabía nada de él. Más tarde apareció en el lugar donde vivía, diciendo que quería regresar, que estaba confundido por una persona de su pasado. Me quedé sola otra vez con mi hijo menor y comencé a ir a la iglesia. Estaba tranquila, estable, trabajando y viajando. Me convertí en capellán.

Mi hijo mayor ya tiene su propia vida con su pareja y un niño de 5 años. Mi hija menor también tiene un niño de la misma edad. Mantenemos una relación cercana como familia unida, compartiendo momentos juntos. Solíamos viajar en crucero todos juntos, teníamos una vida familiar normal y hermosa.

De repente, apareció mi primer ex, preguntándome si me había divorciado, cuestionándome por qué no me había divorciado de mi segundo ex, con quien estaba actualmente. Le dije que eso no era asunto suyo. Él enfermó y me llamó para que fuera al hospital. Fui con mi hijo y él me pidió perdón.

Le dije que no tenía nada en su contra, solo quería que me dejara en paz. Me fui, pero luego me llamó para decirme que lo iban a operar a corazón abierto. Después de la operación, me llamó pidiendo que fuera a verlo después de las 9 de la noche, que estaba solo y necesitaba hablar conmigo, que ya no había nadie con él.

Fui con mi hijo y ahí me confesó que consumía drogas, que no quería que mis hijos lo supieran, incluso lo hacía dentro de la iglesia. A pesar de estar conectado a máquinas, le dije que su comportamiento era una falta de respeto hacia Dios. Habló mal de mí y de mis hijos.

# Capítulo 3
## Mis hijos

Recuerdo cuando estaba embarazada de mi hijo mayor, pasaba mucho tiempo con mi tía. Cuando nació, él no toleraba la leche, así que mi tío tenía una cabra y cada mañana le sacaba la leche para todo el día. Esa fue la única leche que él toleraba; lo montaba encima de la cabrita y lo paseaba. Mi abuela, que es su bisabuela, lo tenía en la hamaca junto a ella. Mi papá tenía un negocio y él disfrutaba las salchichas que ahí preparaban.

Mi segundo hijo tenía travesuras, una vez orinó en las plantas del salón de clases de su maestra. Se involucró en el espiritismo y la santería. Yo quería entenderlo para no depender de relatos, así que lo acompañaba a sus ceremonias. Yo tenía miedo y él buscaba respuestas. En una ocasión presencié una bajada de espíritu y sentí tanto miedo que pensé que sería yo quien moriría. Le decía que se alejara y buscara a Dios.

Mi hija menor fue una niña muy mimada y consentida, y de adulta continuó con esa dulzura. Empezó a cocinar a los 12 años, además de practicar danza y pantomima en la iglesia. Un día encendió el carro de su hermano, que era de cambio, y chocó contra la escalera de la casa. Los tres estaban muy involucrados en la iglesia.

Obtuvieron sus licencias de conducir a los 15 años en los encuentros de jóvenes. Fueron hijos muy responsables, humildes y respetuosos, criados por una madre entregada al 100% y luchadora, siempre dando amor y sabiduría. Me siento profundamente orgullosa de cada uno de ellos. Se graduaron. Siempre estaban unidos, apoyándose mutuamente como tres ombligos. Jamás se faltaron al respeto; no lo permití.

La primera vez que los dos hermanos tuvieron una pelea, los puse cara a cara para que se disculparan y se comprometieran a no repetirlo. Y así fue.

# Capítulo 4
## Maltrato doméstico y nuestro comienzo en Estados Unidos

Yo estaba cocinando y, cuando la comida se enfrió, él la tiraba al suelo. En una ocasión, fui de compras y me lanzó un pote de habichuelas.

Como no logró alcanzarme, él tenía una pistola y me atemorizaba. En un momento, disparó y gracias a Dios no me alcanzó; el disparo impactó en el mueble de la cocina.

# CAPÍTULO 5
# REGALO DE DIOS: EL NACIMIENTO DE MI NIETA

Mi milagro de Dios: el nacimiento de mi nieta el 3 de octubre de 2021, la luz de mis ojos.

La pareja de mi hijo mayor estaba embarazada. A los tres meses, sufren un accidente en coche; ella iba conduciendo cuando otro automóvil los impactó, dejando el auto destrozado. Recuerdo cuando regresé de Carolina del Norte y mi hijo me contó lo sucedido. En el momento del accidente, los revisaron y gracias a Dios no hubo daños, solo el impacto. El 3 de febrero de 2022, a los siete meses de embarazo, ella empezó a sentir dolores y complicaciones. Su presión estaba alta, estuvo internada alrededor de una semana en el hospital. Cuando la ingresaron, mi hijo estaba trabajando y me llamó. Empezamos a correr hacia el hospital, mis dos hijos, mi nieto y yo. Llegamos, mi hijo sube primero con el niño y nosotros esperamos abajo. Cuando entro a la habitación, veo en el monitor una línea recta, no hay signos vitales, no hay latidos, absolutamente nada. No dije nada, me apoyé contra la pared y en mi mente solo pedía un soplo de vida. En ese momento saqué una foto y grabé la pantalla, enviándosela a mi hija. Le dije: «Llega a tu conclusión». Me puse nerviosa y le dije a la pareja de mi hijo: «Ponte hielo para que la niña se mueva» y toqué la panza.

Entra la enfermera, aplican hielo, buscan los latidos y no hay respuesta. Yo estaba fría, miré a mi hijo. Mi otro hijo ni siquiera pudo subir, se quedó nervioso en la sala de espera. Les escribo a ellos: «Esto no está bien». Quería gritar y correr, me sentía sin fuerzas. Rogaba: «Señor, no me dejes sola, debo ser fuerte por mis hijos. Si me derrumbo, todos se derrumban». Le digo a la pareja de mi hijo: «Habla con el doctor para que le hagan una cesárea.

Es mejor fuera que dentro, no se sabe». Mi mente ya no aguantaba, decía: «Mi única nieta murió. ¿Cómo podré lidiar con esto? Mis tres hijos, ¿qué haré? Este dolor es inmenso. ¿Cómo lo enfrentaremos? Dios mío, renueva mi fuerza, ya no tengo ninguna». Le escribo a mi tía, mi apoyo, para que oren por ella, y a una amiga fiel de Puerto Rico. En ese momento, entran la enfermera y el doctor, mencionan que la van a preparar por si necesitan realizarle una cesárea, pero no explican claramente. Ella con presión alta y todos muy nerviosos.

Cuando tuvieron que llevársela de emergencia, ya no pude más. Mi hijo me abraza. Estaba mi nieto y empezamos a llorar, a gritar; me dolía el corazón. Ver su sufrimiento y tener que dejarlo solo para irme, porque no podíamos quedarnos. En ese tiempo, la pandemia estaba en curso. No podía estar ahí con él. Soy madre y amo a mis hijos. Siempre hemos estado unidos, como un solo ombligo. Mi hijo se fue con ella y abajo estaba mi otro hijo, con mi nieto, todos llorando. Abrazo a mi hijo, él está hablando con mi hija. Me descontrolé, sentí pánico, miedo, ansiedad y depresión. Sentía que el mundo se acababa para mí. Nos fuimos esperando que mi hijo llamara o enviara un mensaje, pero nada. Todos sufriendo ese suspenso. ¿Qué pasará? No llaman, no escriben. Pasan horas hasta que nos escriben. Era una eternidad. En ese momento le hicieron la cesárea. Nació a las 11 de la noche, con 7 meses, pesando 2 libras con 5 onzas y midiendo 13 pulgadas.

Comenzó el sufrimiento. La madre salió bien, gracias a Dios, aunque con presión alta, pero controlable. La bebé, día a día, en tensión. ¿Qué pasará? No sabíamos si llegaría al día siguiente. Por las mañanas, llegaban al hospital, dejaban al niño en la escuela, iban al hospital, regresaban por el niño, llegaban a casa y llamaban al hospital para saber de la niña. Activamos la red de oración por ella y poco a poco progresaba. Cuando le sacaban sangre para examinarla, todos sufríamos. Estuvo dos meses en el hospital y finalmente la dieron de alta, pesando 4 libras. En ese tiempo, ya tenía dos meses de haber nacido. Los médicos decían que su crecimiento sería lento, pero yo pensaba, «mentira, ya está bien». Todo ese tiempo con Dios, que no me soltó; mi fe es más grande. Si alguien no cree, que mire a esa niña. Es nuestro milagro, una niña vivaz, traviesa, y gracias a Dios, saludable.

Ella es la consentida de la familia. Tiene un año y tres meses, ya camina. Es amada por su familia paterna. Si tengo un día triste, recibo una foto o un video y todo cambia. Salud, protección y larga vida. Te amo con todo mi ser.

El hijo mayor de mi hijo, mi primer nieto, fue una tremenda sorpresa. A ella le dio antojo de unos dulces que solo salían en la temporada de Pascua, de color morado. Vivía en Jacksonville en ese momento y no los encontraba en ningún lado, hasta que finalmente los conseguí y fui a Orlando para complacer sus antojos. Gracias a Dios, fue un buen parto en 2017. Fue mi regalo de cumpleaños, mi primer nieto, un amor inexplicable. Ya tiene cinco años. Yo soy su abuela. Cumple sus antojos de pastel y su abuela lo consiente. Mi nieto y el hijo de mi hija se llevan cinco meses y medio.

Mi segundo nieto fue una sorpresa en el embarazo. Estuvimos aún más unidos, un apego más fuerte conmigo día a día. ¿Dónde estás, mami? ¿Vamos a almorzar? Disfruté su embarazo, lo viví con sus citas, sus ecografías, sus antojos de pizza casi todos los días. Recuerdo que ella fue a una cita médica sola y me llamó mami, «Cuando salga de la cita voy a verte para que me hagas panqué». Le dije: «Ok, mi vida». A los pocos minutos me llama diciendo que tiene preeclampsia, que van a inducir el parto. «Mami, ven», así que fui con ella. Nos arreglamos el pelo las dos, esperando el momento. Llega su pareja y mi hijo menor, ya que ellos son inseparables. Mi otro hijo enviaba mensajes preguntando por ellos.

Gracias a Dios, fue un buen parto. Nació mi jincho y lo dejaron en el hospital casi una semana. Iba todos los días a verlo. Ya tiene cinco años, soy su lela, cumple sus antojos de pizza y su lela lo consiente.

Los dos primos están juntos siempre y cuando no se ven, se extrañan, se lloran. Les pido a sus padres que permanezcan unidos, como los he criado, con respeto y unidad familiar.

Mis nietos son mi vida, mi batería y motor. Son niños muy buenos y educados. Se graduaron los dos juntos en la misma escuela, un amor único. Le doy muchas gracias a Dios por la bendición de ser abuela. Salud, larga vida y la protección de Dios dondequiera que estén, para mis nietos y sus padres. Que Dios guíe y dirija sus pasos.

# Capítulo 6
## El momento en el que llegó la tormenta y todo cambió

Durante la pandemia del COVID-19, el encierro y el miedo que nos invadió, me llevó a buscar ayuda para mi hijo con un psicólogo. Fue difícil enfrentar la situación que vivíamos en ese momento.

El encierro nos golpeó duramente. Siempre hemos sido una familia unida, unidos los tres, como un solo ombligo, eso lo dice todo. Cuando anunciaron el confinamiento y nos prohibieron salir de casa, no poder visitar a nadie, eso fue muy duro para todos, especialmente para mi hijo. El miedo, el pánico, el encierro, la ansiedad de no ver a sus hermanos ni a sus sobrinos, eso lo cambió todo para nosotros.

Mi hija contrajo COVID, perdió el olfato y el gusto, la enfermedad la golpeó con fuerza. Nos sentíamos impotentes, no poder verla ni ayudarla, solo podíamos tener contacto por celular. Fue desesperante ver a mi hijo llorar por su hermana, viéndola débil y con problemas para respirar.

Le llevaba comida, sopas, y las dejaba frente a su puerta. Sufrí mucho por no poder estar con mi hija en ese momento en que más me necesitaba. Nos preocupábamos por ella, por el niño y su pareja, queríamos que todos estuvieran bien.

Mi hijo vivió conmigo todo el pánico. Y cuando mi hija empezaba a mejorar, recibo una llamada diciendo que mi hijo mayor también tenía COVID. Vivían a solo 15 minutos de distancia y ni siquiera se habían visto.

¡Ay, Dios, qué es esto! Era horrible. Mis hijos con COVID, uno en casa sufriendo de depresión y ansiedad, y yo intentando ser fuerte mientras el miedo se apoderaba cada vez más de mí, rogando que ninguno de ellos empeorara.

Quería estar bien para poder estar con ellos. Visitaba la casa de mi hijo, dejaba cosas en la puerta para que se arreglara. Gracias a Dios superaron el COVID, nos encerramos y evitábamos salir para cualquier cosa.

En febrero, después de lo sucedido con mi nieta, él estaba ansioso por tener una sobrina. El 9 de febrero de 2022, después del nacimiento de mi nieta, es difícil para mí escribir todo esto, porque comenzar de nuevo es complicado.

Era domingo, él estaba en su cuarto durmiendo. Salí y luego regresé, fui a verlo a su cuarto y me dijo «vete, no quiero verte». ¿Qué está pasando? Intenté hablar con él. Estaba deprimido por lo de su sobrina. Se tapó y repitió que no quería verme. Triste, salí de su habitación sin entender lo que estaba sucediendo.

Me alejé en busca de aire fresco, siendo amante de la naturaleza, y comencé a llorar. No suelo compartir mis problemas con nadie, guardo todo para mí, soy reservada. Cuido mucho los sentimientos de mis hijos. Cuando regresé a casa, él había preparado una bolsa y se había ido. Sentí que el mundo se desmoronaba sin entender qué había sucedido; no comprendía por qué lo hizo, nadie le había hecho nada a él. Disfrutábamos de tranquilidad, nunca se quejó de nada; teníamos una confianza abierta entre los cuatro. Hablábamos de todo, tan grande era nuestra confianza que nos aconsejábamos y nos reprendíamos mutuamente, siempre con respeto.

Llamé a mi hija, no quería decirle nada a mi hijo mayor, ya que estaba lidiando con la salud de su hija. Contacté a mi comadre y a sus amistades cercanas, que son pocas, pero nadie sabía nada de él. Revisamos las cámaras de seguridad y no se veía nada. Fueron 24 horas angustiantes. Mi hija y mi comadre llamaron a la policía y presentaron un informe. Estaba sola en casa, sin dormir, con mil pensamientos rondando en mi cabeza.

Me comuniqué con el psicólogo de él y también le conté a mi hijo mayor lo sucedido, aunque ya habían pasado varios días. El psicólogo dejó un mensaje, ya que él no respondía a nadie.

Mis hijos y mi comadre no me dejaban sola. De repente, cada una de nosotras recibió un mensaje de texto con un emoticono enviado por él. Mi comadre gritó: está vivo, escribió.

La desesperación se intensificó aún más. ¿Dónde estaría? ¿Cómo estaba? ¿Qué le estaba pasando? Muchos pensamientos llenaban nuestras mentes. Pasaron dos semanas y él se presentó en una comisaría para decir que estaba bien.

Me envió un mensaje pidiéndome que fuera a verlo, pero sola. Estaba asustada de lo que pudiera hacerme, nos encontramos en McDonald's. Le dije que solo quería verlo, abrazar a mi hijo y saber que estaba bien. Nos vimos, lo abracé, le dije que lo amaba mucho y no le pregunté nada. Él me preguntó por sus sobrinos y se fue.

Poco a poco comenzó a comunicarse con sus hermanos, llamaba por videollamada, quería ver a su sobrina que estaba en el hospital. Llamaba, me escribía, le dimos espacio; no sabíamos qué estaba pasando, me sentía sola y triste. No comía, mis pensamientos me consumían, tenía un fuerte dolor en el pecho, sentía pánico de que algo le pasara. Teníamos una familia unida, y de repente se desmoronó, no entendía qué había pasado. Mi hijo mayor estaba en una situación difícil, no quería preocuparlo. Mi nieta luchaba entre la vida y la muerte, su hermano desaparecido y sin noticias de él. Mi hijo cayó en una profunda depresión, no quería hablar con nadie, estaba distante de todos. Mi hija luchaba por todos nosotros y yo me sentía mal cada día, no sabía qué estaba pasando, también caí en depresión.

Él regresa a casa después de dos meses. «Mamá, estoy aquí para apoyarte. Vas a estar bien». Su actitud era regular, nos apoyábamos en él, tratábamos de entenderlo, pero se molestaba con las personas cercanas, todo le irritaba.

Comenzó nuevamente con sus terapias en abril de 2022. Luego, tuvo una recaída: no permitía que nos acercáramos, no aceptaba consejos; en un momento dado, comenzó a golpearse la cabeza contra la pared. Me sentí perdida, sin saber qué hacer; solo quería ayudarlo y no podía. Era un hijo respetuoso, amoroso, un buen hermano y tío en todos los aspectos, por eso no entendíamos qué le pasaba.

Le dije: «Voy a llamar a la policía para que te ayuden y te internen». Él mismo llamó a la policía y se fue caminando. Cuando llegaron, les expliqué que se había ido a pie, así que solicitaron por radio que lo mantuvieran hablando hasta que llegaran a él.

El oficial me preguntó y le conté todo lo sucedido. Le dije: «No sé qué le pasa, nadie le ha hecho nada». El policía me dijo que esos son síntomas, que los pacientes con este padecimiento culpan a la familia, afirman que están mal porque ellos son los que están bien, y me dijo que no lo tomara personal, no era culpa mía.

Me explicaron adónde lo llevarían, lo internaron por tres días y lo evaluaron para determinar qué hacer. Llamé desesperada a mi hija y a la pareja de mi hijo, vinieron rápido a ayudarme.

Pasaron tres días y empecé a llamar para preguntar por mi hijo. Me dijeron que no sabían, que no había nadie con ese nombre. Fui personalmente y no lo encontraron.

Me fui al estacionamiento y llamé al oficial que se lo llevó. Me dijo: «Llama y dile que vas a llamar a los noticieros si no te ayudan, solo quieres saber si está ahí». Ya habían pasado los tres días y no sabía nada.

Mis nietos preguntaban por su tío y era muy difícil tener que mentirles, les decía que estaba trabajando. Llamé y expliqué a la persona que me atendió, y me dijo: «Te diré algo, escucha, no está aquí. Estuvo, pero no quiere que sepas. Si tu mamá llama, no le digas nada, que sufra». Quedé helada y colgué, no podía hablar. Llamé a mi hija y a mi comadre, descontrolada, no podía creerlo, sus palabras atormentaban mi mente.

Mi comadre me dijo: «No hagas caso, él está enfermo». No podía creerlo. No era él, sé que dentro de él ama a su mamá, sus hermanos y sobrinos.

Pasaron los días, caí en depresión, me sentía sola, aunque no lo estuviera. Algunos días después, estuve en casa de mi hijo, sonó su celular, lo escuché hablar en voz baja y pensé, «esto es raro». «Si la mamá de los nenes está aquí, ¿por qué llamó?» El instinto de madre deja saber. Al rato me voy, al otro día me llama mi hija: «Mamá, que su hermano había llamado a mi hijo mayor y él no se atrevió a decir nada». Tenía que ir a la casa de mi hijo para que él me contara. Llego y me dice que él lo había llamado, que estaba bien, y que lo iba a volver a llamar. Le digo: «Búscate el número desde donde te llamó, a ver dónde está». Buscamos en Google, estaba a una hora de distancia de nosotros. Yo nerviosa le digo: «Vamos a llamar y preguntar si todavía está en ese lugar».

Los nervios me traicionan, llamo y pregunto si él está en ese lugar. Me contestan y me dejan esperando, le preguntan a él si autoriza para que me den información; él dijo sí, «dile que estoy bien, que luego llamo». Ahí me pongo a buscar información del lugar y es un sitio muy bueno.

En ese momento llamo a otro lugar, porque soy yo la que necesito ayuda ahora, no podía seguir así, con lo que estaba viviendo. Mi hermana en Puerto Rico se entera y se descontrola porque es algo sorprendente, un joven muy bueno. Estábamos todos sufriendo la situación.

Pasaron los días y él llama, habla con su hermano, luego con su hermana, pregunta por su sobrino, habla conmigo, que está bien, que está en terapia. «Mami, te amo mucho, estás bien», me dice. Que está en un grupo y que las terapias le están haciendo bien. En ese momento le dije que su familia lo ama mucho y lo apoya.

Llama en otro momento diciendo que tuvo problemas con una persona dentro del lugar. Me llama que al día siguiente lo van a dar de alta y lo referirán a terapia de grupo. Yo estaba de acuerdo en todo, si era para su bien. Que le van a enviar la receta, que debe tener las pastillas antes de llegar a casa, que lo iban a enviar a casa en el transporte del lugar.

Los médicos dijeron que en su evaluación salió que tenía PTSD. No sabía qué era, así que investigué, estaba contenta, quería ver a mi hijo. Me llama cuando está de camino, preguntando si ya había buscado las pastillas, le dije que ya las tenía. Estaba contento, quería llegar, ver a sus hermanos y a los nenes. Llega, me abraza, «mami, perdóname, ¿qué voy a hacer sin ti? Eres lo único que tengo, te amo mucho», en ese momento los dos lloramos.

«Mami te ama. Quiero que estés bien, no estás solo, voy a ayudarte para que estés bien». En ese momento me cuenta que quiere ir a la iglesia, porque a esa pastora la quiere mucho, que si no es a la iglesia de ella, no va. Y yo, contenta, le digo que sí, claro, que vamos. Ella es una pastora muy buena, siempre nos ha ayudado, la conocemos desde que él tenía 18 años.

Empezamos a ir a la iglesia con ella. Él se estaba sintiendo bien. Cuando sentía que se estaba descontrolando, yo le decía que escribiera a la pastora, que le mandara un mensaje. Le decía: «vamos a hacer ejercicios de respiración». En ese momento se apegó mucho más a mí; si salía, me llamaba: «mami, ¿dónde estás? ¿Estás bien? Están sonando sirenas en la calle». No podía salir, porque él me llamaba en cada momento. Siempre estaba en casa para no dejarlo solo. Quería ir a ver a la Comay, lo llevé y él le dice: «yo no sé qué haría si mi mamá me falta. Mami, es lo único que tengo. Yo no voy a permitir que nadie le falte el respeto a mami», y abrazaba a la Comay.

Se despertaba con ansiedad y nervios descontrolados. Estaba en tratamiento con consejería. Estoy en mi tratamiento, mi psicóloga me dice: «necesitas aprender a no tomarlo personal».

Ellos atacan y ofenden a quienes más aman y lo que más quieren en su vida. Yo no entiendo, le digo a ella: «si su familia es lo más que la ama, ¿por qué nos ataca y no nos cuida?». Porque ellos no quieren que les pase nada, no se dan cuenta que los están lastimando, porque están enfermos.

Él con sus sobrinos, locura; el mayor es más tranquilo y el otro es más imperativo. Él dice: «cuando yo quiero un día tranquilo, busco al grande. Cuando quiero un día imperativo, busco a mi otro sobrino y la nena no me la toque, que es la nena de tío».

Tenía sus días de descontrol. Yo recurría a la pastora en busca de ayuda, ella oraba y me daba herramientas. Siempre en silencio, tú y Dios. Muy pocas personas han estado, pero son las necesarias.

Él me decía: «¿mami, estás bien? Mami, te amo». Yo, mi vida, te amo. Ustedes son mi vida, mi todo. Compartimos nuevamente en familia; sus hermanos siempre estaban apoyándolo.

Ellos en su proceso, sumamente difícil ver a su hermano en esta situación, el antes y el ahora no es el mismo. Él no puede ir a lugares donde hay muchas personas, le da pánico. No quería salir, yo le buscaba la vuelta. «vamos a caminar, a buscar aire natural, sol, vitamina D». Un día tiene una cita por teléfono con el psiquiatra y el doctor le da un diagnóstico de bipolaridad.

Cuando termina, me cuenta: «mami, yo soy bipolar». Yo, inocentemente, le digo: «¿sí? ¿Por qué?». Él me responde: «el doctor dijo eso» y le digo: «eso lo tienen la mayoría de las personas». «Ay, ¿para qué fue eso, bendito Dios?» dice y se lo escribe a su hermana para preguntarle. Ella, inocentemente, le dice: «yo creo que también soy bipolar».

Se acostó y se arropó. Cuando lo vi, le pregunté: «¿qué pasó?». Y él me dijo que era bipolar y cayó en depresión. Le dije: «mami te ama. Eso es normal, estás bien y vas a estar mejor. Estoy aquí para ti y tus hermanos. Tienes una familia que te apoya», y lo abracé.

No quería comer, fue algo desesperante. Un día mi hijo vino a mi casa y él le dio el celular al sobrino para que jugara; el niño sin querer se llevó el celular. Ay, Dios mío, tuvo un ataque porque la mamá del niño no trajo el celular; se enojó con ella.

Traté de calmarlo: «mira, eso es algo sencillo, no pasó nada, el celular está aquí».

No se le podía decir nada. En septiembre volvió a caer en una crisis y se fue a pie y desapareció. La crisis fue más fuerte de lo que imaginaba. Desapareció y arremetió contra mí, enviando mensajes de texto hablando mal de mí y de la Comay.

Hemos estado personas apoyándolo para que esté bien. Decía cosas que no tenían sentido, que queríamos hacerle daño. Eso no es cierto, jamás.

Queremos que esté bien. Le envía fotos a mi hija; él se cortó los brazos.

Le envía mensajes a mi hija diciendo que se va a tirar de un puente, lo que puso a mi hija en pánico. Ella me decía que buscáramos ayuda. Él decía que estaba bien y que nosotros estábamos todos mal. Nos bloquea, nos desbloquea para enviar mensajes ofensivos, palabras fuertes y feas que me lastimaban. «tú eres una mala madre». Mi hija me decía: «mami, llama a la pastora, él quiere suicidarse. No sabemos dónde está». Me comunico con la pastora, ayúdame, por favor; ella logra hablar con él y lo calma.

Asisto a un retiro de damas para sanar el dolor de esas palabras feas e hirientes que me consumían cada día («mala madre»).

Sabía que no era una mala madre, siempre di todo por mis hijos, pero mi tristeza y mi mente ya no funcionaban bien. Mi hija me decía: «mami, no le hagas caso, eso no es verdad. Sabes que no podrías haber sido una mejor madre para nosotros». Necesito sanar, sacar todo esto de mi corazón. Los niños preguntaban por él y tío, y les decíamos que estaba trabajando.

Ay, pastora, estoy en un desierto, tengo hambre y siento que no puedo. Ella me daba herramientas: «ora, tú y Dios», y me decía: «no estás sola, el Señor está contigo. Dios está en control», pero en mi mente pensaba: «¿qué está pasando?». No podía entenderlo y seguía todos los consejos de la pastora.

Era un proceso muy duro, me acostaba llorando y me levantaba triste. Me arrodillaba en la sala a llorar y a hablar con Dios, le decía: «Esto es entre tú y yo». Versículo: «Yo estoy contigo. No te desmayes, que yo estoy contigo». Ninguna arma forjada contra ti prosperará. Todos esos versículos llegaban a mi mente. «¿Por qué temes? No temas».

Él dejó de seguir el tratamiento, se puso más difícil, ya no quería ir a la iglesia y vivía con unas amigas. Tenía problemas en su lugar de residencia, con una vecina. Me dijo: «Mami, ya no quiero estar ahí». Le dije: «Ok, vamos a buscarte un apartamento para que estés independiente en tu propio hogar y estés tranquilo». En tres días conseguimos un apartamento, lo ayudamos a mudarse, mis hijos y yo.

Él estaba muy contento, decoramos el apartamento muy bonito y lo amoblamos. Aun así, dormía en mi casa y no me dejaba sola. Solo iba a su apartamento a trabajar, ya que trabajaba desde casa.

Yo buscaba soluciones, lo apoyaba para que se sintiera bien en su interior. Hasta que tuvo una cita con el doctor y le diagnosticaron esquizofrenia. En ese momento sentí que era algo terrible, pero me mantuve en silencio ya que desconocía esta enfermedad y se sumaba al primer diagnóstico de bipolaridad.

En mi mente, ¿qué significa esto? ¿De dónde viene todo esto? Le escribí a mi hija, sufría en silencio al ver a mi hijo en esa situación. La vida cambió de manera irreconocible en un año. Comenzó a tener problemas con un vecino debido a un estacionamiento para discapacitados. Me dijo que el vecino quería hacerle brujería, a lo que respondí: «¿Qué es eso? Deja todo en manos de Dios». Salimos del lugar y él estaba descontrolado, hablando muy molesto.

Le dije: «¿Y qué debo hacer yo con tantas personas que me han hecho daño? Mientras esas personas viven su vida, no me voy a mortificar por aquellos que están en su propio encierro. Déjalo, no te preocupes, porque nadie puede escapar de la justicia de Dios». Me dijo: «No me hables, quiero hacerle brujerías». Respondí: «Si le haces brujería a alguien, recuerda que todo se devuelve y se paga. ¿Qué ganas con eso? Si algo le sucede, él es una persona discapacitada, se devuelve y la persona más vulnerable es la niña, eso te afectará más. Tienes madre, hermano y sobrino, y pagarás por el mal que hagas». Le dije: «Siete veces cae el justo y siete veces se levanta. Sigue adelante, no pierdas tu tiempo haciendo daño, úsalo para tu bien, eres inteligente».

Le dio más coraje porque no lo apoyé. Se bajó del autobús y le dije: «Mira lo que estás haciendo, no me hagas esto, ahora voy a llamar a tu hermana».

Comienzo a contarle situaciones que he vivido y le pregunto: «¿Qué debo hacer? ¿Rendirme? ¿Caer en vicios? ¿Drogas? ¿Alcohol? ¿Prostitución?» Pues no, Dios se encarga de todo. La vida es única, hay que vivirla. Cuando se acaba, se acaba y no hay vuelta atrás.

«¡Ay, tú y tu Dios! ¡Eso no existe!», me dice.

Me quedé callada, no le dije nada. En enero del 23, él se fue caminando y yo me descontrolé, caminé por otro lado, desorientada. Ese día hacía frío, cuando reaccioné, regresé, tomé el autobús y me fui.

Llegué a casa, no quería hablar con nadie. Me escribí a mi hija, decidí no responder y apagué el celular, quería desconectarme. Quería respirar y estar a solas con Dios. Esto es tan duro, jamás pensé vivir algo así con uno de mis hijos.

Comenzó la tormenta, las llamadas amenazantes. Él le dijo a mi hija que se cortó los brazos y le envió fotos. Después de eso, dejó de hablarle a sus hermanos. Me llamaron del apartamento donde él vivía que intentó suicidarse tirándose del techo. Le dije que llamara a la policía, no podía acercarme, porque él podría lastimarme. Llegó la policía, pero ya no estaba, no pudieron hacer nada. Mi consejera me dijo que no permitiera que se acercara, que en sus crisis podría lastimarme. Me insultaba por mensajes de texto, por correo electrónico, enviaba mensajes a altas horas de la madrugada a sus hermanos y a mí, parecían ser testamentos, horribles y ofensivos en mi contra.

Tengo todo guardado. Mis hijos decían: «Mami, él está irreconocible y necesita ayuda». Les decía que llevaran a los nietos a su abuela para que los viera por última vez, que no los volverían a ver más, que iba a acabar con ella con brujería.

Mi hija, desesperada, preguntaba: «Mami, ¿por qué quiere hacer eso? Si tú no le has hecho nada a él».

En mis terapias me decían que no tomara esto personal, era un proceso. Si él no estaba en tratamiento, la crisis era más fuerte cada vez. La familia podía ayudarlo si él lo permitía.

Según él, estaban bien, pero todos los de afuera estaban mal, incluso los profesionales estaban equivocados según él. Me escribía diciéndome: «Mili, Pastora, hija del diablo, mala madre». Yo no le respondía a ninguno de sus mensajes, ni sus hermanos tampoco, y eso lo enojaba más. «Mala madre, tenías todo planeado, sé todos tus pasos. No me interesa verte en un ataúd, nunca has sido madre. Más madre es una perra que tú».

Todo eso me dolía, cada día algo nuevo. El día que no escribía, nos preocupábamos porque estaba planeando algo. Llamaba a personas para inventarse cosas en mi contra. Me llamaban diciendo: «mire, su hijo estuvo aquí hablando mal de usted y lo regañé, de la madre no se habla. Yo la conozco muy bien a usted, ella le dice a mi hijo». La señora me decía: «Su hijo necesita ayuda, está muy mal».

Hubo personas que se alegraron de esta situación, y yo les dije que aquel que tiene hijos no debe hablar de hijos ajenos. Mi hijo mayor tenía un bonito *mobil home*, y en ese momento su crédito no estaba bien, así que lo puso a nombre de mi hijo menor, quien estaba enfermo. Jamás pensamos que pudiera llegar a hacer algo así. Él llega y llama a la pareja de mi hijo, diciéndole que tienen una semana para mudarse y les advierte que va a iniciar un desalojo.

Él llama a mi hijo diciéndole que le va a quitar su casa, y mi hijo mayor se queda callado. Fuimos a la policía para orientarnos y consultamos a tres abogados diferentes. Tengo un familiar cercano que es paralegal y todos nos dijeron que no se puede hacer nada porque él figura como dueño legítimo, ya que está a su nombre. Quedamos sin saber qué hacer. Mi hijo está deprimido, mami, ¿por qué me hace esto si yo no le he hecho nada?, me pregunta. Le digo que le envíe mensajes, que intente hablar con él para que le firme el título. Él accede, dice que sí, que lo pasará a su nombre para que él no esté involucrado en el título.

Él intenta comunicarse con el que solía ser su padrastro, a pesar de saber el daño que nos hizo. En su crisis, su objetivo es lastimarme, porque al lastimar a mi hijo, me lastima a mí.

Él habla sobre el *mobil home* y habla mal de mí. Mi exesposo, ese sinvergüenza, va a la casa de mi tía queriendo hablar conmigo. Me contacta a través de ella, nos citamos y nos encontramos allí para aclarar qué está pasando, ya que él me citó y yo no sabía. Me dice qué está pasando, haciéndose el que no sabe nada, cuando ya lo tenía todo planificado. Me cuenta que llamó a mi hijo y le dijo que se quedaría con el *mobil home*, que pasaría el título a su nombre y lo vendería.

Le digo que hable con él, que busque ayuda para que esté bien. Me responde que eso no es su problema. Me dice de forma atrevida que no me meta en eso, que no es asunto mío. Yo le respondo diciendo que puedo meterme porque soy la madre, que él no es nadie para intervenir, que esos no son sus hijos y que se ocupe de los suyos. «Déjanos en paz ya», le dije. Comenzó a tratar de agarrarme la mano y le dije «descarado, despechado». Me dijo que ya lo tenía vendido, y ahí comenzó a reclamarme por la pareja que tengo. Le dije que eso no es su problema, que él no tiene nada que ver conmigo. Le recordé que sabe dónde vivo y que pasa por mi casa y la de mi hija. Aprovechó para hablar mal de los hijos de mi pareja, insinuando que la chica es lesbiana. Le respondí diciendo que no es mi problema, que es un irrespetuoso. Le dije que no se meta en lo que no le importa, que es un zorro viejo.

En ese momento, mi otro hijo le escribió que le iba a firmar el título a mi hijo mayor, pero ese sinvergüenza se interpuso y no permitió que firmara el título. Le dijo que ya lo tenía vendido y que se iban a repartir el dinero. Él fue a la oficina y conquistó a la señora. Me dijo que él le ofreció dinero y un almuerzo. Entonces, contacté a una señora que estaba interesada en comprar el *mobil home* para que fuera y lo adquiriera para saber en cuánto lo estaba vendiendo. Mi hijo se fue a vivir conmigo mientras hacía la mudanza, pero no le dio tiempo de sacar todas sus cosas porque su padrastro cambió las cerraduras. ¿Será verdad esto que estoy viviendo? No puedo creerlo. Mi hijo, con los niños y su pareja, en la calle cuando él tenía su casa y no se metía con nadie. Mi hijo me abrazaba y lloraba, mi corazón más destrozado. Le dije: «Ay, hijo mío, de la justicia nadie se escapa. En el tiempo de Dios, verás cómo hace justicia. Que rían mientras lloramos, porque después les tocará llorar, lo verás».

El dinero no compra la salud ni la tranquilidad. La señora logró comprar el *mobil home* al zorro, y él le dijo a la señora que en esa casa había vivido con la madre de sus hijos, y cuando se divorciaron hace dos años, se la dejó a su hijastro y él se mudó a un apartamento dejándolo todo. Se la vendió por cuarenta mil.

La señora compró el *mobil home* al día siguiente, a las ocho de la mañana, y yo no lo podía creer, estaba en shock. Le dije a la señora que todo era una gran mentira, que esa casa la compró mi hijo hace seis años, que yo jamás viví allí. Nosotros ya estábamos divorciados desde hace diez años, él no estaba en nuestras vidas. Es un tramposo y un mentiroso. No se cansaba de seguir haciendo tanto daño, aprovechándose de la enfermedad de mi hijo.

Fui a la iglesia y la pastora me dijo: «Tenemos un retiro de damas, te voy a anotar». No veía la hora de irme al retiro, no podía creer lo que habíamos vivido, todo lo que estaba pasando en mi familia. Un hijo enfermo, mis hijos destrozados y un hombre tan sinvergüenza que dejó a mi hijo en la calle. Pedía que el Señor me diera fuerzas.

Me sentía muy débil. Si estás conmigo, dame paz y tranquilidad para saber que me acompañarás en esta tormenta, sigo de pie. No tengo nada con ese hombre, pertenece a mi pasado y no quiero saber nada de él, pero se llevó a mi hijo a su casa, lo sacó del apartamento donde vivía.

En una de las tantas visitas policiales, me explicaron que ellos ven cosas donde no las hay y escuchan cosas que son parte de su imaginación. Él estaba involucrado en una religión que trabajaba con santería y lo incluían en rituales. Según él, es un médium, y la policía me dice que es peor, porque no puede distinguir lo que está sucediendo, es más peligroso.

Primero Dios, sin Él no habría podido pasar esta tormenta de sufrimiento. En estos momentos, me doy cuenta de quién realmente está presente en mi vida. Mi compañero actual nos está apoyando y ayudando mucho a toda mi familia en todos los aspectos. No es fácil, pero no me deja sola. He querido soltarlo todo, pero él ha estado día y noche. Qué lindo es despertar y recibir mensajes, videos y ánimos desde la distancia.

También me gustaría agradecer a una amiga y compañera de la escuela elemental que ha estado apoyándome y dándome fuerza. No es necesario estar bajo el mismo techo para apoyar a una amiga con oraciones.

Cuando he necesitado abrazos, Dios me abraza y me susurra: «Aquí estoy para ti». Me ha llenado de tranquilidad en este proceso. Gracias a la pastora por darme las herramientas para librar esta batalla en silencio. Dios y yo. El ser humano te juzga, te señala, pero el Señor no. La ansiedad, el pánico, el miedo y la depresión son reales. Comencé a pensar que era un juego y que todo era mentira, pero no lo es. Es triste tener a un familiar padeciendo esta enfermedad mental, verlo sufrir de esta manera y sentir su rechazo. El amor de su familia está intacto. Es muy difícil encontrarse en esta situación, sin saber qué hacer ni cómo ayudarlo, y aun haciendo todo lo posible, saber que no es suficiente.

El núcleo familiar se ve afectado. Soy madre dedicada al 100% a mis hijos y mis nietos. Las personas que nos han estado apoyando de diferentes maneras son las necesarias que Dios ha permitido que estén. La tía de mi pareja, un ser maravilloso, me dice «hija» y es un gran apoyo para mí, ya que no tengo a mi madre.

Mi madrina, una señora mayor tan humilde y buena, a la que le falta el respeto. Sentí vergüenza. Ella me aconseja todos los días. A veces me encierro en mi propia mente, pensando que él no es así porque me hace tanto daño, cuando en su interior ama a su familia, es un hijo ejemplar. Mi hermana en Puerto Rico, transitando el dolor por lo que estaba viviendo con su hijo, ambas estábamos pasando por un momento difícil.

Él tenía rastreado mi celular, sabía todos mis pasos. Trabajaba para una compañía de reparación de teléfonos celulares. Me llamó una amiga de él reclamándome por la condición de él, pero le dije:

«No te metas en lo que no estás viviendo». Él dirá lo que quiera, pero la verdad es otra. Mantén tu distancia, si no, no vas a ayudar. No supe más de ella. Se atrevió a decirme: «Él está bien, lo que está mal son ustedes». No le contesté nada, porque no voy a ponerme al nivel de esas personas que están para destruir, no para ayudar.

Una amiga, como una hermana para mí, compañera de capellán durante muchos años, me dijo que fuera a su casa a comer. Yo no me atrevía porque hay personas en la iglesia que con su lengua pueden destruirte. Ella me regañó, aunque no estuviera físicamente a mi lado, estaba orando por mí, y eso me ha fortalecido más. Qué bonito es tener personas que están orando por ti. Ella me dijo: «Recuerda que no es él, es el enemigo que está operando. Deja todo en manos de Dios». Yo dije: «Señor, basta ya de tantas faltas de respeto. Nadie le hizo nada. Él necesita buscar ayuda, no tiene amigos». En mi mente resonaban las palabras de la pastora: «Cállate en silencio, deja todo en manos de Dios, porque Él ve todo». La pastora nunca hizo un comentario negativo; eso me ayudó mucho. Las palabras de las personas que estaban orando resonaban: «No estás sola, Dios está en control, aunque parezca todo lo contrario».

# Capítulo       7

## Las herramientas que utilicé para acercarme y ayudar a mi hijo

Busqué ayuda con psicólogos, consejería y psiquiatras, todo lo que estuviera a mi alcance. Comencé a preguntar y buscar remedios caseros y naturales. Visitaba la iglesia por las mañanas y le preparaba té de tilo, pastillas naturales de San Juan, Sedalia, gomitas de Hello Happy. Procuraba que su desayuno, almuerzo y cada comida fueran lo más saludables posibles y que bebiera mucha agua. Le brindaba amor, cariño, compañía, abrazos, oraciones y música suave para una respiración consciente. Por las noches, le daba té de manzanilla, lavanda, jengibre, anís estrellado, valeriana.

Intentábamos ver películas sanas, evitando las de terror. Antes de dormir, tomaba la pastilla recetada por el psiquiatra, algunas veces le ayudaba y otras se levantaba nervioso. Yo oraba y le aseguraba que todo estaría bien, y le sugería que tomara un baño de agua fría.

Le proponía hacer ejercicios de respiración y llegué a un punto en el que me sentía enferma y casi inútil. Le decía: «Vamos a hablar, todo estará bien». Intentaba encontrar soluciones, le daba masajes en la cabeza, oraba y le pedía a Dios que tomara control de su mente y su corazón. En un momento dado, sentí que ya no podía más, que nada surtía efecto. Me enfermé y necesitaba ayuda, ya no podía afrontar esta situación. Empecé a buscar ayuda en Dios. Me aislé y no quería hablar con nadie. Poco a poco, en terapia, estoy aprendiendo a vivir este proceso. Con la ayuda de Dios, podemos superar el desierto; sin Él, no somos nada. Solo Él puede otorgar paz en medio de la tormenta, Él me mantiene en pie.

En numerosas ocasiones le decía a mi hijo que buscara a Dios, a lo que respondía: «No existe Dios, es mi padre». Le pedía al Señor que buscara a Dios de corazón, que recibiera liberación para encontrar sanidad en su mente y su corazón. Lo amo y lo perdono porque es mi hijo, pero él necesita tratamiento. Para quienes no lo conocen en persona, puede parecer que está muy bien, pero quienes lo conocen saben que está mal. Seguía enviando mensajes ofensivos. Dije «¡Basta ya, Señor! No puedo más. Cuídalos a ellos y a mí, estamos en tus manos. Necesito estar bien, cuidarme, empecé a valorarme y a pensar en mí». Llegaba la noche y me acostaba llorando, pero Dios secaba mis lágrimas y sanaba mi corazón.

# Capítulo 8
## Aferrarme más a Dios

La salud mental no se refleja en las fotos, pero su impacto se manifiesta en todos los aspectos de nuestras vidas. A diferencia de una herida visible o una dolencia física, los trastornos mentales y emocionales no son fácilmente detectables a simple vista. Sin embargo, su influencia en nuestro bienestar y calidad de vida es innegable.

La salud mental abarca una amplia gama de aspectos, como la estabilidad emocional, la capacidad de enfrentar el estrés, las relaciones interpersonales saludables y el sentido general de bienestar. A menudo, estas facetas no pueden ser capturadas en una imagen estática.

Es importante reconocer que las enfermedades mentales pueden ser invisibles para los demás, lo que puede llevar a malentendidos y estigmatización. Las personas que luchan con trastornos mentales a menudo se enfrentan a un estigma social que dificulta su búsqueda de ayuda y apoyo.

Debemos comprender que la salud mental es un componente esencial de nuestra salud en general. Debemos fomentar la empatía, la comprensión y el apoyo hacia aquellos que están pasando por dificultades mentales, incluso cuando no podamos ver su sufrimiento en una imagen. La salud mental es valiosa, merece atención y debe ser tratada con la misma importancia que la salud física.

Las enfermedades mentales no tienen rostro. Detrás de las sonrisas pueden ocultarse tormentos invisibles. Estos trastornos no discriminan y pueden afectar a cualquier persona, sin importar su apariencia externa. Es esencial recordar que la empatía y el apoyo son fundamentales, ya que no podemos juzgar el estado mental de alguien simplemente por su aspecto físico.

Dios puede usar el sufrimiento para que busquemos más de Él y nos convirtamos en mejores personas. No permitamos que la tristeza nos consuma (Salmos 23, Salmos 91).

Agradezco a Dios por estar conmigo en cada momento de mi vida. En los momentos de alegría y en los de adversidad, su presencia y guía me reconfortan y me dan fuerzas para seguir adelante. Reconozco que Dios coloca personas en mi camino como instrumentos de su amor y gracia, levantándome cuando me siento a punto de caer, apoyándome en este proceso de vida.

Agradezco a esas personas que, con su bondad y compasión, me brindan su apoyo incondicional. Son amigos y seres queridos quienes me animan, me escuchan y ofrecen su hombro en momentos difíciles. Entiendo también que hay personas que no son una bendición en mi vida. Aquellos que me dañan, lastiman o desvían de mi propósito, Dios los aparta de mí para protegerme y preservar mi bienestar emocional y espiritual.

Sé que no debo juzgar a otros, ya que todos somos imperfectos y solo Dios tiene el poder de juzgar con justicia. Las críticas y señalamientos de los demás no deben afectarme, porque solo Dios conoce mi corazón y mis intenciones. Nadie en el mundo puede brindarme lo que Dios ofrece: su amor incondicional, su perdón y su gracia que me renuevan día tras día.

Creer en Dios sin ver, porque su mano obra en todo momento. Aferrarse a la fe, la cual no se ve ni se puede explicar, pero se siente. Los hijos nos hacen reír, llorar, sentirnos desesperadas, pero son aquellos a quienes nunca dejaremos de amar.

Para mí, no existen hijos preferidos. Todos y cada uno de mis hijos son iguales y son bendiciones de Dios en mi vida. El amor de una madre es tan profundo que no distingue, no escucha críticas y no se silencia. Amo incondicionalmente a mis tres hijos, con todo mi corazón.

Cada uno de ellos es único y especial a su manera. A través de sus personalidades, sueños y logros, veo la belleza de la diversidad y la maravilla de la creación. No importa si son diferentes entre sí, porque en mi amor maternal encuentro la capacidad de aceptarlos plenamente, valorarlos y apoyarlos en su desarrollo.

El amor de madre es un vínculo eterno que trasciende las diferencias y dificultades. Mis hijos son mi mayor tesoro y mi compromiso es brindarles amor, cuidado y guía en cada paso de sus vidas. En cada logro y desafío, mi amor es inquebrantable y mi apoyo es constante.

Agradezco a Dios por darme el privilegio de ser madre y por confiar en mí para cuidar y amar a estos seres maravillosos. En cada momento, en cada risa y en cada lágrima, mi amor está presente y no conoce límites. Amo a mis hijos con todo mi ser y siempre estaré aquí para ellos, sin condiciones y con un corazón lleno de amor.

Que Dios les dé salud, sabiduría y protección. Que los cubra, los sane, los restaure, los libere, dondequiera que estén, reciban la bendición de una madre.

¿A dónde iré, Señor, si solo en ti encuentro mi esperanza? Si solo tú sanas mis heridas y aun en la adversidad veo tu fidelidad. Si en medio del dolor me has abrazado y secado mis lágrimas, no hay otro lugar donde desee estar. Solo en los brazos de papá, mi Dios, no me quiero apartar de tus brazos. Porque solo tú, mi Dios, tienes palabras de aliento para mí, nada me moverá de ti.

Aunque parezca una locura por la fe, sucederán cosas milagrosas, sonidos del cielo que nadie ha escuchado, cosas sobrenaturales ocurrirán por tu gracia. Te doy la gloria, Jehová, Jireh, Nissi, Shalom, Rafa, Yahweh, Adonai, Elohim, Shaddai, el Señor de señores, el Todopoderoso se manifestará a nuestro favor. Muchas veces clamé: «Señor, escúchame». Levántate de tu trono, ayúdame, inúndame con tu gloria, abrázame, te necesito, no me dejes sola. Sentía una brisa hermosa que calmaba mi interior, pero los que esperan en Jehová tendrán nuevas fuerzas; levantarán alas como las águilas, correrán y no se cansarán, caminarán y no se fatigarán.

Levántate, no temas, deja todo en manos de Dios, aunque no veas la salida. El único amigo es el Espíritu Santo, mantente firme hacia tu norte.

www.ingramcontent.com/pod-product-compliance
Lightning Source LLC
Chambersburg PA
CBHW061001260726
48661CB00005B/1988